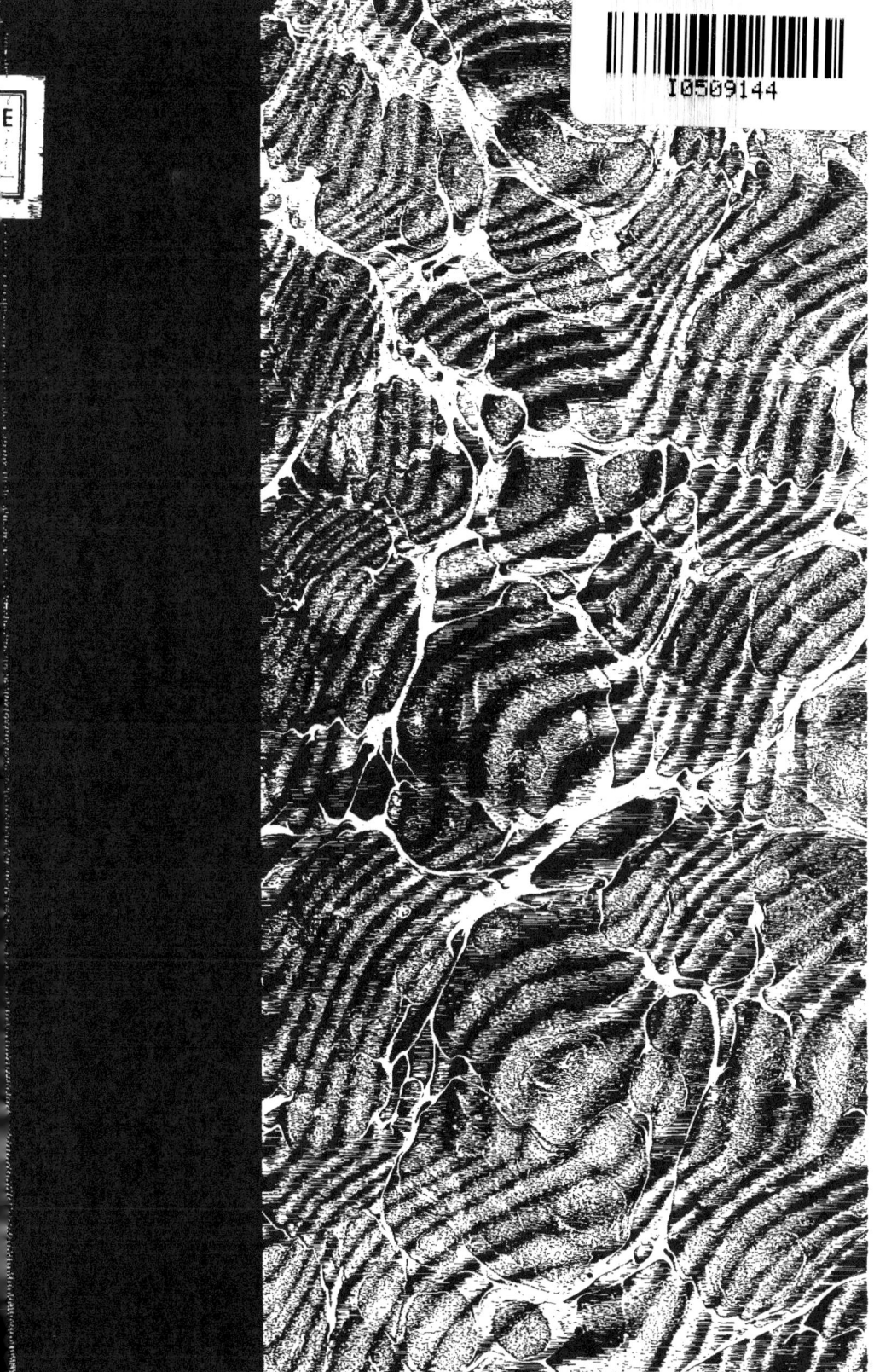

LES

FONTES DU PRIMATICE

DU MÊME AUTEUR.

LES DELLA ROBBIA, Paris, 1855, J. Renouard et C⁰ 6, rue de Tournon.

LES MOSAIQUES CHRÉTIENNES DES BASILIQUES ET DES ÉGLISES DE ROME, Paris, 1857, Victor Didron, 23, rue Saint-Dominique-Saint-Germain.

ÉTUDE

SUR LES

FONTES DU PRIMATICE

PAR

HENRY BARBET DE JOUY

CONSERVATEUR ADJOINT DES ANTIQUES ET DE LA SCULPTURE MODERNE
AU MUSÉE IMPÉRIAL DU LOUVRE.

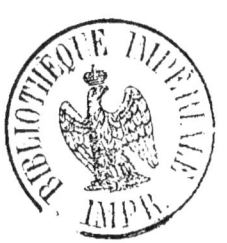

PARIS

Vᵛᵉ JULES RENOUARD, LIBRAIRE-ÉDITEUR

6 RUE DE TOURNON.

—

1860

ÉTUDE

SUR LES

FONTES DU PRIMATICE

En l'année 1858, des travaux ont été exécutés dans le jardin des Tuileries à l'occasion du parterre réservé pour l'usage de l'empereur. Toutes les statues qui ornaient les alentours du château furent alors momentanément déposées ; presque toutes ont retrouvé une place dans la disposition nouvelle, et celle que l'ordonnateur du jardin a choisie pour le groupe de bronze de Laocoon et ses enfants a été particulièrement heureuse : en dehors et à l'angle du fossé de clôture, près de la grande allée, en un lieu découvert qui permet de chercher la distance et d'étudier le groupe sous tous ses aspects. Aux œuvres excellentes il ne faut qu'une place favorable et l'attention des hommes de goût ne leur fait pas défaut; elle s'est portée dès les premiers jours sur le groupe que longtemps on n'avait aperçu que de loin; beaucoup s'arrêtaient et regardaient curieusement, artistes ou artisans, trouvant également à louer, ceux-là le dessin savant et expressif, ceux-ci la perfection du travail et la rare beauté de la fonte, non sans raison, car ce bronze est la reproduction d'un chef-d'œuvre de l'antiquité, et cette imitation fort habile a été faite en ces temps heureux dont parle Sauval, qu'il dit avoir duré si peu, où l'on a vu nos rois aimer les belles choses[1].

Ce temps est le xviᵉ siècle, le roi est François Iᵉʳ, qui, en 1540, envoya Primatice à Rome pour qu'il en rapportât les moules des plus belles statues antiques récemment découvertes. Les Mémoires contemporains en font

---

[1]. Sauval, *Histoire de la ville de Paris*, t. II, p. 55.

foi : « En ce temps, » c'est Cellini qui parle,
« le Bologna donna à entendre au roi que
« S. M. le laissât aller à Rome et lui donnât
« des lettres de créance, pour qu'il pût mou-
« ler les plus belles d'entre les antiques, le
« Laocoon, la Cléopâtre, la Vénus, le Com-
« mode, la Zingana et l'Apollon. Ce sont vé-
« ritablement les plus belles choses qu'il y ait
« à Rome, et il disait au roi que quand S. M.
« aurait vu ces merveilleuses œuvres, alors
« elle saurait raisonner de l'art du dessin,
« parce que tout ce qu'il avait vu de nous
« autres modernes était bien loin de la per-
« fection de ces antiques. Le roi l'agréa et lui
« accorda toutes les facilités qu'il lui de-
« manda[1]. »

Un autre Italien, et par bonheur c'est Vasari, nous apprend ce qui se fit à Rome :
« Primatice servit le roi avec tant de diligence
« qu'il acheta en peu de temps cent vingt-cinq
« morceaux, têtes, torses et figures. Et en
« même temps il fit mouler par Jacques Ba-
« rozzi de Vignole et d'autres le cheval de
« bronze qui est au Capitole, une grande par-

[1]. *B. Cellini* (*Vita di*), Firenze, 1834, lib. II, cap. x, p. 478.

« tic des bas-reliefs de la colonne, la statue
« du Commode, la Vénus, le Laocoon, le
« Tibre, le Nil et la statue de Cléopâtre, qui
« sont au Belvédère, pour les couler en bronze.
« Le Rosso étant mort en France..... (1541),
« le Primatice fut rappelé de Rome; c'est
« pourquoi il s'embarqua avec lesdits marbres
« et creux de figures antiques; il s'en retourna
« en France, où, avant toute autre chose, il
« jeta en fonte dans lesdits creux et moules
« une grande partie de ces belles figures telles
« qu'elles étaient. Elles vinrent si bien qu'elles
« semblent les antiques mêmes, comme on le
« peut voir là où elles furent placées, dans le
« jardin de la reine à Fontainebleau, à la
« très-grande satisfaction du roi qui fit en ce
« lieu presque une nouvelle Rome. Mais je
« ne tairai pas que le Primatice eut, pour faire
« lesdites statues, des maîtres si excellents
« dans l'art de la fonte que ces œuvres vin-
« rent non-seulement à perfection, mais avec
« une peau si fine, qu'il ne fallut quasi pas
« les retoucher[1]. »

---

1. Vasari, *le Vite..*, édition de Florence, 1857, t. XIV, p. 3.

Éloge bien flatteur du mérite de nos artistes français, que Cellini confirme lorsqu'il nous raconte, non sans trop parler de lui-même, comment les statues furent présentées au roi. Lisons ses Mémoires : « Le Bologna avait rap-
« porté de Rome les statues et les avait fait cou-
« ler en bronze avec grand soin. Je l'ignorais,
« parce qu'il avait fait son affaire très-secrète-
« ment et que Fontainebleau est éloigné de
« Paris de plus de quarante milles; je n'avais
« donc rien pu savoir. Lorsque je demandai au
« roi où il voulait que je plaçasse mon Jupiter,
« madame d'Étampes, qui était présente, dit
« qu'il n'y avait pas de lieu plus à propos pour
« le mettre que sa belle galerie. C'était, comme
« nous dirions en Toscane, une *loggia*, ou
« mieux encore, un *androne*. Je dis un *an-
« drone*, parce que nous appelons *loggie* ces
« pièces qui sont ouvertes d'un côté. Cette
« chambre était longue de plus de cent pas; elle
« était ornée et très-enrichie de peintures de
« la main de notre admirable Florentin Rosso,
« en outre décorée de beaucoup de sculptures,
« quelques-unes en ronde bosse, d'autres en
« bas-relief. Elle avait en largeur douze pas

« environ. Le susdit Bologna avait porté dans
« cette galerie toutes ses statues antiques, je-
« tées en bronze et d'une parfaite exécution.
« Il les avait placées en un très-bel ordre, éle-
« vées sur leurs bases ; et, comme je l'ai déjà
« dit, c'étaient les plus belles choses choisies
« entre les antiques de Rome. C'est dans cette
« chambre que je portai mon Jupiter, et quand
« je vis ce grand appareil préparé avec art,
« je dis à part moi : C'est quelque chose comme
« passer à travers les piques ; que Dieu me
« vienne en aide. Je le mis en sa place, autant
« que je pus, très-bien disposé. J'attendis que
« le roi vînt..... Le roi parut, avec sa madame
« d'Étampes, avec le Dauphin son fils et la
« Dauphine, le roi de Navarre son parent,
« madame Marguerite sa fille, et d'autres
« grands seigneurs qui étaient instruits par
« madame d'Étampes pour parler contre moi.
« Ayant vu entrer le roi, je fis pousser au-
« devant de lui le beau Jupiter par mon garçon
« Ascanio..... Le roi dit aussitôt : « Ceci est la
« plus belle chose qu'homme ait jamais vue,
« et moi qui ai le goût et m'y entends, je ne
« m'en serais pas imaginé la centième partie. »

« Les seigneurs qui devaient parler contre moi
« semblaient ne pouvoir se rassasier de louer
« mon œuvre. Mais madame d'Étampes dit
« hardiment : « Il semble que vous n'ayez pas
« d'yeux : ne voyez-vous pas quelles admi-
« rables figures de bronze antiques sont pla-
« cées là-bas, et que c'est en elles que consiste
« le véritable génie de cet art, non dans ces
« bagatelles modernes[1] ? » Madame d'Étampes
parle d'or. Que son opinion déplût à Cellini,
on le comprend, elle n'en est pas moins celle
des gens de goût.

Préoccupé de son Jupiter, l'artiste florentin
ne dit pas quelles étaient les statues de bronze
exposées dans la galerie de Fontainebleau;
elles furent placées dans les cours et les jardins, et l'historien du château, le P. Dan,
nous fait connaître quelles elles étaient et
comment elles avaient été disposées. Remar-
quons toutefois que sa description, imprimée
en 1642, comprend les embellissements ajoutés à l'œuvre de François Ier par Henri II,
par la régente Catherine de Médicis, par les

---

1. *B. Cellini (Vita di)*, Firenze, 1834, lib. II, cap. XI, p. 489.

rois leurs enfants, en outre les changements très-considérables qui furent faits sous le règne de Henri IV. Nous ne saurions donc que confusément quelles sont, parmi les statues de bronze décrites par le P. Dan, celles qui ont été exécutées pour François Ier, sous la conduite du Primatice, si nous ne possédions, pour contrôler ses notices et les mettre d'accord avec les listes de Vasari et de Cellini, une quatrième autorité, qui n'est pas la moindre. C'est la série des Comptes des bâtiments royaux comprenant les devis et paiements des travaux exécutés dans le château de Fontainebleau de 1528 à 1555. Ces documents, dont nous devons la publication à M. le comte de La Borde[1], renferment, à partir de 1540, plusieurs articles relatifs aux antiques et aux moules rapportés de Rome par le Primatice, et beaucoup de détails sur la suite des opérations que nécessita la fonte.

Les noms des statues qui furent coulées en bronze y sont souvent répétés, et voici quels ils sont :

1. Comte de La Borde, *la Renaissance des Arts à la cour de France*, t. I, Paris, 1850.

Le Tibre,
Le Laocoon,
La Cléopatre,
L'Apollon,
La Vénus,
Le Commode,
Deux Satyres,
Deux Sphinges.

En outre mention y est faite de deux longues pièces de basse taille[1] pour orner le pied dextre de la figure du Tibre.

Si nous faisons un parallèle, I. des antiques désignées par Cellini comme devant être moulées à Rome, II. par Vasari pour l'avoir été, III. de celles qui sont nommées dans les Comptes des bâtiments en raison des travaux de moulage et de fonte exécutés à Fontainebleau, IV. des statues de bronze d'après l'antique que le P. Dan décrit en 1642, voici quel il sera :

---

1. Voir la note 6, p. 20.

I.	II.	III.	IV.
CELLINI.	VASARI.	LES COMPTES.	LE PÈRE DAN.
....	Le Tibre.	Le Tibre.	Le Tibre.
....	Le Nil.	....	....
Le Laocoon.	Le Laocoon.	Le Laocoon.	Le Laocoon.
La Cléopâtre.	La Cléopâtre.	La Cléopâtre.	La Cléopâtre.
L'Apollon.	....	L'Apollon.	L'Apollon.
La Vénus.	La Vénus.	La Vénus.	La Vénus.
Le Commode.	Le Commode.	Le Commode.	Le Commode.
....	....	Deux Satyres.	Deux Satyres.
....	....	Deux Sphinges.	Deux Sphinges.
....	....	Deux longs bas-reliefs.	....
La Zingana.	....	....	....
....	Le Cheval de bronze.	Le grand Cheval[1].	Le Cheval blanc.
....	Bas-reliefs de la colonne.	....	....
....	....	....	Diane.
....	....	....	Le Tireur d'épine.
....	....	....	Mercure.

1. *Le grand Cheval* ou *Cheval blanc* n'est autre que le cheval du Marc-Aurèle de la place du Capitole, à

Je prends pour vrai le dépouillement des Comptes des bâtiments royaux si parfaitement d'accord avec l'état donné par le P. Dan. Que Cellini ait fait beaucoup d'omissions, qu'il ait désigné seul et par erreur la Zingana, ne nous en étonnons pas, puisqu'il ne parle des statues antiques qu'incidemment et à regret. Quant à Vasari, l'on comprend qu'écrivant de souvenir, après avoir nommé le Tibre, il ajoute le Nil, ne séparant pas deux statues qui étaient réunies au Belvédère, et qui le plus souvent sont rapprochées l'une de l'autre. Il nomme

Rome, et ne fut pas exécuté en bronze dans la fonderie de Fontainebleau. L'on peut lire, dans les Comptes des bâtiments royaux, la mention d'un paiement fait à « Jean le Roux, dit « Picart, imager, pour avoir vacqué à jetter en plastre la « figure d'un grand cheval sur les mousles, qui sont aussy de « plastre, qui ont été apportés de Rome au dit Fontainebleau, « et à jetter aussy en plâstre, sur autres mousles, aussy apportés « de Rome à Fontainebleau, une grande figure de N.-D.-de-Pitié « dedans la haute chapelle du donjon dudit château. » Tout le monde sait que le cheval de plâtre, ou cheval blanc, donna son nom à la grande cour, au milieu de laquelle Catherine de Médicis, régente, l'avait fait mettre, protégé contre les pluies par un toit que soutenaient quatre piliers ; il en fut ôté l'an 1626. Le P. Dan nous apprend (p. 60) que la Notre-Dame-de-Pitié dont parlent les Comptes est celle de Michel-Ange, que Primatice fit mouler à Rome, dans la basilique de Saint-Pierre. Le plâtre fut placé, à Fontainebleau, dans la chapelle haute bâtie sous François Ier.

les bas-reliefs de la colonne (Trajane), et ce peut être avec raison[1] : si les Comptes des bâtiments n'en font pas mention, c'est qu'ils n'ont point été coulés en bronze; si le P. Dan n'en dit rien, c'est qu'ils ne sont pas entrés dans la décoration de Fontainebleau.

Entre le relevé des Comptes royaux et les descriptions du P. Dan, rien ne diffère, à cela près que l'historien du château parle de trois statues de bronze dont les Comptes n'accusent aucune trace. Ces statues sont : la Diane, le Tireur d'épine, un Mercure. Or, je crois qu'elles sont entrées à Fontainebleau après 1547.

Sauval, il est vrai, assure que le marbre antique de la Diane vint de Rome en France sous François Ier; mais il ajoute que, placée d'abord au château de Meudon, elle ne le fut que plus tard, à Fontainebleau, dans le jardin de la reine ; elle était de son temps le principal

---

1. Sauval, en l'endroit où il parle du magasin des antiques du roi, dans le palais des Tuileries, dit que les jets de basse taille qu'on estime le plus, parmi ceux qu'on y voit, sont une bonne partie des bas-reliefs de la colonne Trajane ; ils ont pu être apportés de Fontainebleau, comme le fut la statue de Diane, dans la salle des antiques, au Louvre. Voir Sauval, *Histoire de la ville de Paris*, t. II, p. 58.

ornement de la salle des antiques, au Louvre, achevée par Henri IV. On chercherait en vain dans les écrits des contemporains et dans les Comptes royaux quelque indice que la Diane fut l'un des marbres achetés en Italie par le Primatice. Vasari parle de cent vingt-cinq morceaux, têtes, torses et figures; les Comptes mentionnent un paiement fait pour avoir amené du port de Valvin à Fontainebleau cent trente-trois caisses, auxquelles étaient toutes les figures de marbre antiques, et aussi plusieurs moules et plâtres [1]. Rien de plus. Le nom de la Diane ne figurant pas dans les Comptes parmi ceux des statues qui furent l'objet d'opérations de moulage ou de fonte, il n'y a aucune raison pour placer au nombre des bronzes de François Ier la Diane que le P. Dan dit et que tout le monde sait avoir été l'ornement principal d'une fontaine que le roi Henri IV avait fait dresser dans le jardin de la reine. Les termes mêmes dont se sert le P. Dan me semblent indiquer un travail récent, lorsque, parlant de la statue de bronze, il dit : « Celle-ci

---

1. Comte de La Borde, *la Renaissance des Arts*, t. I, p. 419.

« a été moulée sur l'original de marbre, qui
« était en ce même lieu et jardin, et que
« Henri le Grand, faisant édifier cette fontaine,
« a fait transporter à Paris au cabinet et salle
« des antiques du Louvre[1]. » François 1ᵉʳ, s'il
posséda l'œuvre originale, n'avait pas besoin
d'une copie de bronze ; Henri IV la dut faire
faire lorsqu'il voulut en orner une fontaine,
conservant ainsi le souvenir de la place qu'a-
vait occupée, dans le jardin de Fontainebleau,
le marbre précieux auquel sa prévoyance as-
surait un meilleur abri sous les voûtes du
Louvre.

Est-ce le même prince qui fit placer « tout
« proche cette fontaine une statue de bronze
« qui représente un jeune homme, lequel se
« tire une épine d'un pied, dont l'original de
« marbre blanc est dans le Capitole à Rome[2] ? »
Je ne le crois pas, et ce que je pense de cette
jolie reproduction d'une statue charmante s'ap-
plique également au Mercure, qui certaine-
ment est du même temps et l'œuvre des mêmes
fondeurs. Le bronze de l'un et de l'autre a

1. P. Dan, *le Trésor des Merveilles de Fontainebleau*, p. 174.
2. P. Dan, *idem.*, p. 176.

une ressemblance apparente avec les fontes du Primatice, mais il est moins fin; ce sont, toutefois, deux statues fort agréables.

Le Mercure est aujourd'hui à Saint-Cloud; il est la reproduction d'un marbre de la galerie de Florence[1], et avait été placé à Fontainebleau, la reine Catherine de Médicis étant régente, dans la cour de la Fontaine, sur la façade du corps de logis qui, bien qu'édifié par François Ier, ne fut revêtu de pierres de taille que sous le règne de Charles IX[2]. Lorsque les statues de bronze qui décoraient cette façade furent portées, au XVIIe siècle, dans le jardin de l'Orangerie, le Mercure prit son rang, à l'un des côtés de l'Ariane, en pendant du Tireur d'épine[3]. Ce rapprochement, qui ne fut pas respecté[4], avait eu sans doute pour cause la connaissance ou l'observation d'une origine commune. Ce n'a pas été non plus sans motif,

---

1. *Museum florentinum*, pl. 38, 39.
Il est nu, coiffé du Pétase ailé, appuyant le coude droit sur un tronc d'arbre qu'entoure un lierre. C'est Mercure à quinze ans : le visage est très-jeune et le corps est plein de grâce.
2. P. Dan, *le Trésor des Merveilles de Fontainebleau*, p. 34.
3. Israël Sylvestre, vue gravée, 1679.
4. L'abbé Guilbert, décrivant le jardin de l'Orangerie tel

quand les bronzes ont été transférés de Fontainebleau à Paris, que le Laocoon, l'Ariane, l'Apollon, la Vénus, le Commode, ont été réunis dans le jardin des Tuileries ; le Mercure, au contraire, porté à Saint-Cloud, et le Tireur d'épine aussi. Les hommes qui, au commencement de ce siècle, ont dirigé ces mouvements savaient ou ont reconnu que ces deux bronzes n'étaient pas des fontes du Primatice ; j'espère qu'un document écrit viendra un jour à l'appui de l'opinion que je hasarde, qu'ils ont été exécutés sous Charles IX.

Je maintiens donc que les Comptes de Fontainebleau contiennent sur le sujet qui m'occupe toute la vérité. Je ne parlerai que des statues qu'ils nomment, ne reconnaissant qu'à celles-là seules le mérite d'avoir été jetées en bronze sous François Ier, par des hommes d'un talent éprouvé[1], dans les cires

---

qu'il était sous le règne de Louis XV, nous apprend que la statue de l'Esclave aiguisant un couteau avait remplacé le Mercure. La raison en dut être le mauvais effet que produit une figure debout en regard d'une qui est assise.

1. Les noms de ces fondeurs, qui font honneur à l'art français, nous sont aujourd'hui connus par les Comptes des bâtiments royaux; ils s'appelaient Francisque Rybon, Pierre

des premiers moules pris sur les marbres antiques avant qu'ils n'eussent été restaurés. Il se rencontra, pour l'exécution de ces bronzes, un ensemble d'opérations et un concours d'artistes habiles qui durent en assurer le succès : aussi fut-il incontestable. Si je rappelle l'éloge de Vasari disant qu'ils semblent les antiques mêmes, c'est qu'il est le plus complet qu'on puisse faire. Leur peau fine qu'il signale n'est pas une vulgaire beauté ; il en est une autre dont l'appréciation est devenue notre privilége : c'est celle que le temps a développée, en agissant sur un riche amalgame; c'est l'éclat de la patine et la coloration due à l'emploi du cuivre, sans économie. Les tons verts qui éclairent les fontes du Primatice jettent comme des lumières sur ces bronzes dont les parties sombres ont la couleur et semblent avoir l'homogénéité d'un basalte ; ils en accusent le modelé, plaisent aux yeux, et font échapper ces statues au défaut que souvent on reproche aux figures de bronze, la monotonie.

Beauchesne, Benoist le Bouchet, Guillaume Durant. Voir *la Renaissance des Arts*, par M. le comte de La Borde, t. I, p. 424, 427, 430.

Ayant précisé quelles sont les fontes du Primatice, j'essaierai de tracer leur histoire. Je rechercherai sur quelles antiques ont été faits les moulages à Rome[1]; je trouverai dans les Comptes des bâtiments royaux la preuve écrite des travaux exécutés à Fontainebleau et les noms des artistes auxquels ils sont dus; le P. Dan nous apprendra quelles places elles ont occupées dans les cours et les jardins du château; nous verrons quel a été leur sort en 1793 et où sont aujourd'hui celles qui nous restent.

1. Je prendrai pour guide dans Rome, au xvi° siècle, Ulysse Aldroandi, qui la visita à une époque rapprochée de celle où Primatice y fut envoyé par François Ier. Carlo Fea a inséré, dans ses *Miscellanea* (Rome, 1790), les listes d'antiquités décrites par Aldroandi en 1566. Une description plus complète a été imprimée à Venise en 1562; elle a pour titre : *Tutte le statue antiche, che in Roma in diversi luoghi e case particolari si veggono, raccolte et descritte per M. Ulisse Aldroandi*, et est insérée à la suite du livre des *Antichità della città di Roma*, par Lucio Mauro.

LE TIBRE

Le marbre que possède aujourd'hui le Musée du Louvre est l'une des premières statues que le sol de Rome rendit à l'étude et à l'admiration des sculpteurs modernes : au xv° siècle, alors qu'il ne restait debout dans la ville que cinq statues de marbre et une seule de bronze, si l'on en croit le témoignage d'un écrivain contemporain[1], une statue colossale d'un homme couché fut découverte près le portique de Minerve par un habitant de Rome qui creusait la terre pour planter des arbres;

---

1. «... Ce qui m'émeut surtout, c'est que de tant de colosses, « de statues de marbre et d'airain (car je ne m'étonne pas « que celles d'or ou d'argent aient été fondues)... nous voyons « qu'il ne reste... que cinq statues de marbre : quatre dans « les thermes de Constantin, deux sont ces hommes debout « près de leurs chevaux, œuvre de Phidias et de Praxitèle, « deux sont couchées; la cinquième est dans le forum de « Mars et a aujourd'hui le nom de Martisfori; une seule d'ai- « rain, équestre, dorée, qui est à la basilique de Latran.....» Poggii Bracciolini... *de Varietate fortunæ*, p. 20.

mais le maître du jardin, ennuyé par la foule croissante des curieux qui venaient voir la statue, la fit recouvrir de terre[1]. Or, c'est en ce même lieu qu'au xvie siècle fut retrouvé le Tibre[2]; Léon X le fit transporter au Vatican et placer dans le jardin du Belvédère[3], et c'est là que Primatice le fit mouler.

Lorsque les moules eurent été apportés en France, le peintre Badouyn y travailla dans la fonderie de Fontainebleau[4], et les Comptes des bâtiments, qui en font foi, mentionnent en outre des paiements faits à Pierre Bontemps[5], imager, pour les moules en cire et la réparation des deux longues pièces de basse taille pour servir aux deux côtés de revêtement et ornement de la figure du Tibre[6].

---

1. Poggii Bracciolini... *de Varietate fortunæ*, p. 12.
2. Flaminio Vacca, cité par Montfaucon, c. xvii, p. 247 du *Diarium italicum*.
3. « Au milieu du jardin, l'on voit deux statues de fleuves, « antiques et fort belles. Chacun d'eux est sur une base à part « et ils se regardent. L'un est le Tibre... l'autre est le Nil. » Ulisse Aldroandi, *delle Statue antiche*, 1562.
4. Comte de La Borde, *la Renaissance des arts*, t. I, p. 431.
5. *Id*,. *ibid.*, t. I, p. 416, 418.
6. Ces mots seraient difficiles à comprendre, si l'on ne savait que sur deux côtés de la base du marbre antique sont taillées, en bas-reliefs, des figures de petite proportion, repré-

Le P. Dan ne nous dit pas où fut placé le bronze jusqu'au jour où Henri IV le fit employer comme couronnement d'une fontaine dont le dessin, d'un goût fort contestable, nous a été conservé par une planche de Michel Lasne. La fontaine, de l'invention du Florentin Francine, était au milieu du jardin du roi, dont le nom se changea bientôt en celui de parterre du Tibre. Cependant la statue ne conserva pas longtemps la place d'honneur qui lui était échue, au centre du jardin et sur l'axe du gros pavillon de la façade des offices[1], car Louis XIV ne respecta pas les inventions du sieur de Francine et Le Nôtre changea le dessin du parterre[2] : les fontaines furent détruites, un massif de rocailles, qu'on nomma le Pot-Bouillant, s'éleva au milieu du bassin

sentant Énée et ses compagnons qui abordent sur les rives du fleuve. Ce sont deux sections qui se suivent presque sans interruption sur un développement de 5,500 m., la hauteur étant de 0,200. La désignation de longues pièces de basse taille leur convient donc parfaitement, et les termes des Comptes des bâtiments ne peuvent s'appliquer qu'à des accessoires de la statue.

1. Alexander Francini Florentinus, portrait de la maison royale de Fontainebleau, 1614 (plan).
2. Dorbay, plan du grand parterre, 1682.

carré et le Tibre, dont il prenait la place, porté plus loin, fut posé à fleur d'eau, au centre d'un bassin circulaire[1], à demi noyé[2] comme sont les figures de plomb de Versailles. C'est de là qu'il fut tiré quand vint l'époque, désastreuse pour les œuvres de bronze, où la rareté du numéraire donna au métal un prix qui ne fut plus en rapport avec l'estime que par des temps ordinaires inspirent aux plus ignorants l'art et le mérite. L'an II de la république, le Tibre de bronze n'existait déjà plus à Fontainebleau[3]; il est perdu pour nous.

1. Inselin, plan du grand parterre.
2. Aveline, vue du grand parterre.
3. État des sculptures en dépôt dans le château et les magasins de Fontainebleau, à la date du 17 prairial an II.

LE LAOCOON

Pline[1] a cité ce groupe, le seul qui soit parvenu jusqu'à nous des nombreuses statues qu'il désigne. Le marbre fut retrouvé en 1506, à Rome, dans les ruines du palais de Titus, et Jules II le fit placer au Belvédère[2]. Primatice l'y moula avant la restauration du bras droit de Laocoon, et il eut l'esprit de ne la pas tenter; il fit en France les moules de la figure de l'un des enfants.

Ce furent Laurent Regnauldin et Jean Le Roux, imagers, qui réparèrent la cire de ce beau groupe dont, après la fonte, Pierre Bontemps répara la figure principale[3].

---

1. Il dit que ce chef-d'œuvre de l'art statuaire a été exécuté par trois Rhodiens, Agesander, Polydore et Athenodore.

2. « Derrière le Nil, dans une niche, l'on voit ce Laocoon si célébré, qui, avec ses deux fils, est enlacé dans les nombreux replis de deux serpents. » Ulisse Aldroandi, *delle Statue antiche*, 1562.

3. Comte de La Borde, *la Renaissance des Arts*, p. 416, 417, 418, 426.

En quel lieu fut-il placé à Fontainebleau ? Le P. Dan nous l'apprend : dans le jardin de la reine[1], où il resta jusqu'en 1793[2]. « C'est, dit-il, une des pièces des plus rares « qui soient aujourd'hui ; » jugement que je répéterai volontiers, en rappelant que ce bronze superbe occupe de nos jours l'angle extérieur du parterre réservé dans le jardin des Tuileries.

1. P. Dan, *le Trésor des Merveilles de Fontainebleau*, p. 176.
2. Israël Sylvestre, *Vue du Jardin de l'Orangerie*, 1679.— Abbé Guilbert, *Description de Fontainebleau*, t. I, p. 215.

LA CLÉOPATRE

On a longtemps appelé du nom de Cléopâtre la belle figure antique qui représente Ariane endormie. Au xvıe siècle, le marbre était placé au Vatican, dans le jardin du Belvédère[1], où Primatice le fit mouler ; après la fonte, ce fut Cardin du Moustier, imager, qui répara le bronze.

L'Ariane, lorsque le P. Dan écrivit la description de Fontainebleau, se voyait dans le jardin du Roi, qui allait perdre son nom et s'appeler bientôt le parterre du Tibre ; tout proche était une auge de marbre blanc ornée de trophées d'armes en basse taille[2], destinée sans doute à recevoir des eaux, si le bronze eût été placé au-dessus d'une fontaine, ainsi

---

[1]. « A main gauche de l'Antinoüs, on voit la statue de Cléopâtre, couchée, ayant le bras droit sur la tête... » Ulisse Aldroandi, *delle Statue antiche*, 1562.

[2]. P. Dan, *le Trésor des Merveilles de Fontainebleau*, p. 160.

que le marbre l'était au Belvédère. On comprend que ces deux sculptures, ne se reliant à aucune disposition générale, durent paraître isolées, en un coin du vaste espace que le roi Henri IV avait livré aux riches inventions du sieur de Francine, et que plus tard Louis XIV confia à celles de Le Nôtre. L'Ariane fut emportée : dès le xviie siècle elle était placée dans le jardin de l'Orangerie, qui n'est autre que le jardin de la Reine, et plus anciennement des Buis. Une planche, gravée par Israël Sylvestre, en 1679, en fait foi, et elle est confirmée par le témoignage de l'abbé Guilbert, 1731.

Cet historien du château nous apprend que sur le piédestal était un bas-relief de bronze représentant, dit-il, le combat d'Octave Auguste et d'Antoine près d'Actium. Lorsque la statue d'Ariane fut apportée à Paris le bas-relief ne l'y suivit pas[1].

---

1. On a conservé à Fontainebleau, et on le peut voir dans le cabinet de l'architecte du château, un bas-relief de bronze long de 1^m,800 sur 0,800 de hauteur. Le sujet est une bataille; c'est une mêlée de cavaliers vêtus et armés à l'antique comme l'ont compris les sculpteurs du xvie siècle (une fleur de lis surmonte le casque de l'un des combattants). Un fleuve et des

L'Ariane a occupé dans le jardin des Tuileries des places diverses, et l'une d'elles était fort étrange; elle n'en a pas trouvé dans la nouvelle disposition du parterre. Cependant c'est un bronze excellent, une admirable statue, et digne d'un meilleur sort. Pour être bien vue, elle doit être placée très-bas.

génies des eaux, placés au premier plan, indiquent que l'action a eu pour objet le passage et la défense d'une rivière. Je ne saurais reconnaître là la bataille d'Actium, et ce bas-relief me semble trop court et trop haut pour se bien adapter à un piédestal de l'Ariane. Le style de la sculpture est français.

L'APOLLON

Le marbre trouvé à Capo d'Anzio, et appartenant à Jules II avant son avénement au pontificat, fut l'une des premières statues qui ornèrent le Belvédère[1], construit par Bramante pour le pape. L'Apollon a conservé le nom de ce poétique jardin où Primatice le fit mouler.

Pierre Bontemps répara les moules, et ce fut, après la fonte, Guillaume Durant, fondeur, qui répara le bronze[2].

Il fut placé, à Fontainebleau, dans la cour de la Fontaine, sur la façade du corps de logis que François 1er avait fait édifier et que ter-

---

1 « Dans la niche qui suit (celle du Commode) est un Apollon en pied, nu, avec un manteau sur les épaules et sur le bras gauche. Il est représenté au moment où il vient de tirer l'arc, mais l'arc manque. Il a le carquois au cou et tient la main droite appuyée sur un tronc de marbre, autour duquel on voit un serpent enroulé. » Ulisse Aldroandi, *delle Statue antiche*, 1562.

2. Comte de La Borde, *la Renaissance des Arts*, 416, 426, 428, 432.

mina Charles IX ; il y occupait l'une des niches pratiquées aux côtés de la porte centrale [1]. Sous le règne de Louis XV, il était dans le jardin de l'Orangerie, près du groupe de Laocoon [2]. Transporté à Paris au commencement de ce siècle, il a toujours été aux Tuileries, et se voit aujourd'hui au milieu d'un gazon dans le parterre ou jardin réservé de l'empereur.

1. P. Dan, *le Trésor des Merveilles de Fontainebleau*, p. 35.
2. Abbé Guilbert, *Description de Fontainebleau*, t. I, p. 215.

LA VÉNUS

Le marbre que l'on croit avoir appartenu au pape Jules II fut placé dans le jardin du Belvédère[1], près de la Vénus Sallustia. Cette belle figure fut désignée sous le nom de Vénus du Belvédère, jusqu'au jour où l'on crut reconnaître en elle une répétition de la statue célèbre que Praxitèle a faite pour le temple de Cnide[2]. Elle était exposée nue lorsque Primatice la fit mouler, telle que l'a décrite Ulysse Aldroandi qui visita Rome vers 1556 ; replacée

---

1. « Dans une niche est une Vénus entièrement nue, qui de la main droite cache quelques parties de son corps, et de la gauche tient son vêtement pendant sur un vase, et tout est d'un seul morceau. » Ulisse Aldroandi, *delle Statue antiche*, 1562.

2. Cette opinion s'appuie sur une médaille grecque de Caracalla et Plautilla, frappée à Cnide, représentant au revers la Vénus de Praxitèle.

dans le Musée Pie Clémentin, elle n'était plus vue qu'à demi, car une draperie de stuc, ajoutée pour cacher ses beautés, couvrait le corps depuis la ceinture jusqu'aux pieds ; c'est ainsi qu'elle est reproduite par la gravure dans l'œuvre de Visconti[1]. Le bronze que nous devons aux nobles goûts de François Ier est donc d'autant plus précieux qu'il est la reproduction fidèle d'une statue qu'on ne peut plus voir.

Pierre Beauchesne, maître fondeur, mit en œuvre la Vénus, qui fut réparée par Guillaume Durant, fondeur, et Jean Challuau, imager[2].

Le P. Dan nous apprend qu'elle se voyait non loin de l'Apollon, dans la cour de la Fontaine[3] ; nous savons par l'abbé Guilbert qu'elle était, de son temps, dans le jardin de l'Orangerie, à la gauche du Laocoon, lorsque l'Apollon était à droite[4]. Transportée à Paris et dans le jardin des Tuileries au commencement

---

1. G. Visconti, *il Museo Pio Clementino*, t. I, p. 18, pl. XI. Elle a été dessinée nue et gravée par F. Perrier, 1638, pl. XIX.
2. Comte de La Borde, *la Renaissance des Arts*, t. I, p. 427, 428.
3. P. Dan, *le Trésor des Merveilles de Fontainebleau*, p. 35.
4. Abbé Guilbert, *Description de Fontainebleau*, t. I, p. 215.

du siècle, elle est placée, en regard de l'Apollon, au milieu d'un gazon, dans le parterre réservé de l'empereur¹.

1. Notre bronze a été fondu sans la draperie, ou dans les déplacements qu'il a subis, le long vêtement que Vénus tient de la main gauche et qui retombe jusqu'à terre, accompagnant la ligne du corps et lui servant d'appui, a été séparé; la statue ne semble plus en parfait équilibre. En outre le fragment de draperie resté dans la main, réduit aux proportions du mouchoir moderne, ne se comprend pas; il produit un effet étrange qui nuit à cette statue, dont la tête, les épaules et les reins, sans préjudice de toutes autres beautés, sont d'une rare perfection.

LE COMMODE

L'empereur Commode, fils de Marc-Aurèle, a été représenté nu, semblable à Hercule, portant sur l'un de ses bras un jeune enfant. Le marbre était, au xvi⁰ siècle, dans le jardin du Belvédère, placé dans une niche, près de l'Ariane[1]. Primatice l'y fit mouler, et, en France, ce fut Jean le Roux, imager, qui dressa et répara les cires[2].

Le bronze occupa à Fontainebleau, dans la cour de la Fontaine et sur le corps de logis terminé par Charles IX, la niche, près la porte centrale, opposée à celle où était l'Apollon[3].

---

1. « Dans une niche qui suit, l'on voit une statue nue, en pied, de l'empereur Commode, ayant au col la dépouille d'un lion, et il a sur le bras gauche un petit enfant. » Ulisse Aldroandi, *delle Statue antiche*, 1562.

2. Comte de La Borde, *la Renaissance des Arts*, tome I, p. 428.

3. P. Dan, *le Trésor des Merveilles de Fontainebleau*, p. 36.

Sous le règne de Louis XIV, il était dans le jardin de l'Orangerie[1]. On le peut voir de nos jours dans la grande allée des Tuileries, en la partie la plus rapprochée du château.

1. Israël Sylvestre, vue gravée en 1679.

DEUX SATYRES

Qu'étaient ces deux satyres ? Primatice en avait rapporté les moules de Rome, car les Comptes des bâtiments ne laissent pas d'incertitude à cet égard ; on y peut lire la note de paiement fait « à Jean le Roux, dit Picart, « imager, pour avoir vaqué à assembler en « la fonderie les moules de deux figures de « satyres et au commencement de l'assem- « blage du mousle du grand cheval, aussi « puis naguères apporté de Rome[1]. »

Lorsqu'ils eurent été fondus, où furent placés les bronzes? Le P. Dan n'indique pas d'autres satyres[1], à Fontainebleau, que ceux qui décoraient la cheminée de la salle de bal, et voici ce qu'il en dit : « Dans cette salle est « une belle cheminée de deux ordres dorique « et ionique, lesquels sont supportés de part

---

1. Comte de La Borde, *la Renaissance des Arts*, t. I, p. 418.

36   LES FONTES DU PRIMATICE.

« et d'autre de deux satyres de bronze, chacun
« de huit pieds de haut, lesquels ont sur leurs
« têtes un grand panier de fruits, au lieu de
« chapiteaux, et sont aussi de bronze [1]. » Ce
que répète l'abbé Guilbert [2].

Il y a là un commencement de description,
suffisant pour chercher dans Rome, au xvi° siècle, les marbres antiques qui ont été moulés
par l'envoyé du roi de France. S'ils y étaient,
Aldroandi a dû les voir, et il les a vus : ce
n'est plus dans le jardin du Belvédère, ce
n'est pas dans les chambres du Vatican, c'est
dans la maison de M. Valerio de La Valle
qu'il trouve et désigne « deux satyres debout,
« avec des pieds de chèvre, des cornes à la
« tête. Ils sont sans bras : chacun d'eux a sur
« la tête un panier plein de fruits, de lierre,
« peut-être de raisins [3]. » Sa description est de
tous points conforme à un dessin qu'a gravé
Perrier [4], et s'il pouvait rester quelque doute,
le texte du graveur le détruirait, car les deux

---

1. P. Dan, le Trésor des Merveilles de Fontainebleau, p. 100.
2 Abbé Guilbert, Description de Fontainebleau, t. II, p. 66.
3. Ulisse Aldroandi, delle Statue antiche, 1562.
4. F. Perrier, 1638, pl. XIX.

figures y sont désignées par ces mots : « Satyri
« ex lapide marmoreo opus egregium in ædi-
« bus d. d. de Valle. » Si le P. Dan ou l'abbé
Guilbert nous eussent transmis plus de détails,
il n'y aurait sans doute pas lieu à discuter[1];
ceux qu'ils nous ont laissés, bien qu'incom-
plets, ne s'écartent en rien de la note d'Aldroandi sur les satyres de la maison della
Valle, ni de la gravure de Perrier. Un dessin
ou une gravure de date antérieure à notre
siècle, où l'on verrait en leur place les satyres de la cheminée de Fontainebleau, tran-
cherait la question, mais je n'en connais pas.
A leur défaut, je regarde comme très-favo-
rable à mon opinion la pensée de M. Percier
consignée dans un dessin aussi élégant que
bien étudié : c'est un projet de restauration
de la salle de bal de Fontainebleau, où l'habile et consciencieux artiste a placé, comme
supports de la cheminée, les deux satyres de
la maison della Valle. Assurément, il ne l'a

1. Depuis que ces deux bronzes ont été détruits, ils ont été souvent attribués à B. Cellini, qui avait fait pour la porte du palais les modèles de deux satyres dont il donne une description détaillée dans ses Mémoires.

pas fait sans de bonnes raisons, et sans avoir consulté les hommes qui avaient connu le palais avant qu'il ne fût dépouillé.

« Deux faunes dans la salle des Suisses, » tels sont les termes de la condamnation des deux figures de bronze de la cheminée; on les lit avec regret dans un état[1] sommaire des matières propres à être converties en monnaie... fait à Fontainebleau le 5 octobre, la première de la république. L'exécution ne se fit pas attendre.

1. Cité par E. Jamin, sous-régisseur du palais, dans son *Précis historique de Fontainebleau*, 1854.

LES SPHINGES

Primatice n'eut pas besoin de sortir du Vatican pour mouler deux figures qui, de même que les satyres de la cheminée, sont essentiellement décoratives, et répondaient sans doute aux projets que son esprit inventif avait conçus pour l'embellissement du palais de François Ier. Il les trouva à l'une des portes du Belvédère[1].

Lorsqu'il fut de retour à Fontainebleau, Jean le Roux, imager, dressa et répara les moules de cire de l'une des figures des harpies ou sphinges[2].

Les bronzes furent placés, chacun sur un

---

1. « Après, l'on trouve deux sphinges de pierre brunâtre, placées sur deux bases de marbre blanc. Sur l'une des bases sont écrits les mots : *Innocuæ sunt*, et sur l'autre ceux-ci : *Nec serunt ambages*. Sur toutes deux sont les armes du cardinal moderne di Cesis. » Ulisse Aldroandi, *delle Statue antiche*, 1562.

2. Comte de La Borde, *la Renaissance des Arts*, t. I, p. 428.

piédestal, au bas et entrée des rampants de l'escalier[1] qui se voit en avant du corps de logis édifié, au XVIe siècle, dans la cour de la Fontaine. Ils sont très-bien indiqués dans une petite vue d'Israël Henriet[2], où l'escalier est nommé le grand escalier des Sfinges. Dargenville en parle avec éloges : « Au bas de « ces rampes sont, sur des piédestaux de « pierre, deux sphynx en bronze d'une grande « beauté[3]. »

Ils ont subi le sort de la statue du Tibre et des deux satyres, car ils ne figurent plus dans l'état des bronzes qui étaient en dépôt dans le château et les magasins de Fontainebleau à la date du 17 prairial an II.

1. P. Dan, *le Trésor des Merveilles de Fontainebleau*, p. 36.
2. Israël Henriet, vue gravée, 1649.
3. *Voyage pittoresque...* 1755, p. 218.

Le Belvédère, où Primatice trouva réunie l'élite des statues de Rome, fut le plus poétique des Musées : avant que la prudence recherchât les meilleurs moyens de conserver les monuments antiques, le goût italien avait imaginé le mode le plus agréable de les mettre en lumière. Un lieu accidenté, attenant au palais des papes, fut choisi sur la pente du mont Vatican ; Bramante y traça le plan d'un jardin qu'il entoura d'élégants portiques, empruntant au théâtre de Marcellus l'accord et la proportion de ses ordres ; deux terrepleins furent dressés, l'un supérieur, que dominait la galerie du Belvédère, l'autre inférieur, terminé par une enceinte de gradins circulaires ; ils étaient reliés entre eux par un escalier à double rampe que soutenaient deux étages de colonnes.

Au milieu du jardin supérieur s'élevait une fontaine dont une base antique triangulaire très-ornée de sculptures formait le motif principal ; sur la même ligne étaient placés le Tibre et le Nil, en regard l'un de l'autre. Derrière le Tibre, mais sur le mur, était le Mercure du Vatican, qu'on appelait alors l'Antinoüs, ayant à sa droite le fleuve Arno et à sa gauche la Cléopâtre (Ariane); des eaux s'écoulant au-dessous des deux statues couchées étaient recueillies dans des bassins qui eux-mêmes étaient des œuvres antiques. Le Laocoon était derrière le Nil dans une niche, et aussi l'Apollon, le Commode, la Vénus Sallustia et l'autre Vénus que Primatice préféra avec raison. Choix précieux de statues excellentes, disposé avec art dans un site enchanteur, d'où les regards, s'ils s'élevaient, se perdaient dans le ciel, s'ils se détournaient, pouvaient s'étendre sur Rome entière, ses innombrables constructions, ses ruines imposantes, sa sublime campagne, ses lointains horizons.

Les bronzes qui furent la reproduction des marbres du Belvédère trouvèrent-ils à Fontainebleau un emplacement et une disposition qui fussent en quelque rapport avec ceux de leurs modèles? Vasari n'a-t-il pas écrit que le

roi fit en ce lieu presque une nouvelle Rome?
Il dit : presque, n'allons pas au delà. Il faut
avouer toutefois que la description du P. Dan,
et mieux encore une très-jolie vue gravée
par Israël Sylvestre, font concevoir une idée
fort avantageuse de la cour de la Fontaine
telle qu'elle fut lorsque Catherine de Médicis
eut mis la dernière main à l'œuvre du roi
François Ier.

La cour n'avait de bâtiments que sur trois
côtés ; au milieu était une fontaine décorée
de quatre termes de grès, soutenant une sorte
de berceau. L'on sait qu'en avant du corps de
logis principal est un escalier à doubles rampants, l'un desquels conduisait alors à la salle
des Gardes, et l'autre à la Grande Salle ; c'est
là que dès l'entrée furent posés au bas des
rampes les sphynx du Vatican ; quatre autres
statues, placées dans des niches, décoraient
la façade : deux étaient l'Apollon et le Commode, rapprochés l'un de l'autre, comme ils
l'avaient été au Belvédère ; la troisième était
la Vénus, et sans doute parce qu'il fallut un
bronze en regard, ce fut le petit Mercure de
Florence qu'une prédilection ou un souvenir

de la patrie absente recommanda aux préférences de la reine. Un buste antique surmontait la porte, des figures de Germain Pilon, posées sur le fronton et en amortissement du corps de logis, complétèrent l'ornementation; l'art français s'y trouvait allié aux modèles de l'antiquité, le goût italien s'y mariait sans effort à notre architecture nationale. N'est-ce pas là l'un des charmes de Fontainebleau, qu'à chaque pas on s'y souvient de l'Italie, en même temps qu'on se sent en France? Il en possède d'autres dont on peut saisir l'ensemble sans sortir de la cour de la Fontaine : l'agrément des eaux qui en baignent l'un des côtés, la magnificence des grands arbres, la contiguïté d'une forêt.

Henri IV supprima la fontaine. Le P. Dan nous dit qu'étant au milieu de cette cour elle incommodait au passage : je le crois; mais celle que le roi y fit faire en avant de l'étang dut fort incommoder la vue, le Persée qui la surmontait ne rachetant pas d'ailleurs par de rares beautés le défaut qu'elle eut d'être interposée entre la cour et l'Hercule de Michel-Ange, placé dans le jardin de l'Étang. Il me semble que les agrandissements ajoutés par Henri IV au palais ne le déparent pas absolument ; mais les inventions qui exigent un sentiment délicat de l'art et un goût exercé ne sont plus de son temps : celles que déploya dans le grand parterre le sieur de Francine, entièrement anéanties aujourd'hui, ne rappellent à l'esprit que l'idée d'un surtout de table. La statue du Tibre en fut la pièce du milieu, et à partir de ce moment, séparée des autres fontes du Primatice, elle était destinée à une destruction dont son isolement fut assurément l'une des causes.

La fontaine de la Diane, dans le jardin de la Reine, était une conception plus heureuse parce qu'elle est plus simple ; elle a survécu au temps qui l'a créée : Louis XIV la conserva au milieu du jardin lorsqu'il le transforma en un parterre d'orangerie.

C'est là que fut apportée l'Ariane, qui jusqu'alors et pendant un siècle semble n'avoir pas eu un emplacement bien déterminé ; c'est là que vinrent se placer, aux côtés du Laocoon, la Vénus et l'Apollon descendus de la façade de la cour ; le Commode les suivit, et cinq des plus belles fontes du Primatice se trouvèrent ainsi réunies en ce jardin qui fut leur dernier asile depuis le siècle de Louis XIV jusqu'aux premiers jours de la république. Elles n'en sortirent que pour être transportées à Paris et placées aux Tuileries. Le Tibre, égaré dans un bassin du grand parterre, les satyres, engagés dans la cheminée de la salle de bal, les deux sphinx, oubliés au pied de l'escalier de la cour, avaient perdu par leur dispersion la marque de leur origine; ils ont été compris au nombre des objets mobiliers qui furent convertis en lingots. Fontainebleau avait possédé dix fontes du Primatice, cinq ont péri, cinq existent encore :

    Le Laocoon,
    L'Ariane,
    L'Apollon,
    La Vénus,
    Le Commode.

Recueillis depuis la fin du siècle dernier dans le jardin des Tuileries, ces beaux bronzes y sont encore de nos jours : deux figures, l'Apollon et la Vénus du Belvédère, sont dans le parterre de l'empereur; le Laocoon est sur la limite; le Commode, resté en dehors, n'en est pas éloigné; mais l'Ariane, cette fois encore, est abandonnée. Ils gagneront toujours à être réunis; ils sont les premiers modèles de l'art antique offerts par l'un de nos rois à l'étude des sculpteurs français; leur fonte est celle qui approche le plus de celle des anciens; leur mérite, qui est de tous les temps, est bien digne d'être estimé du nôtre.

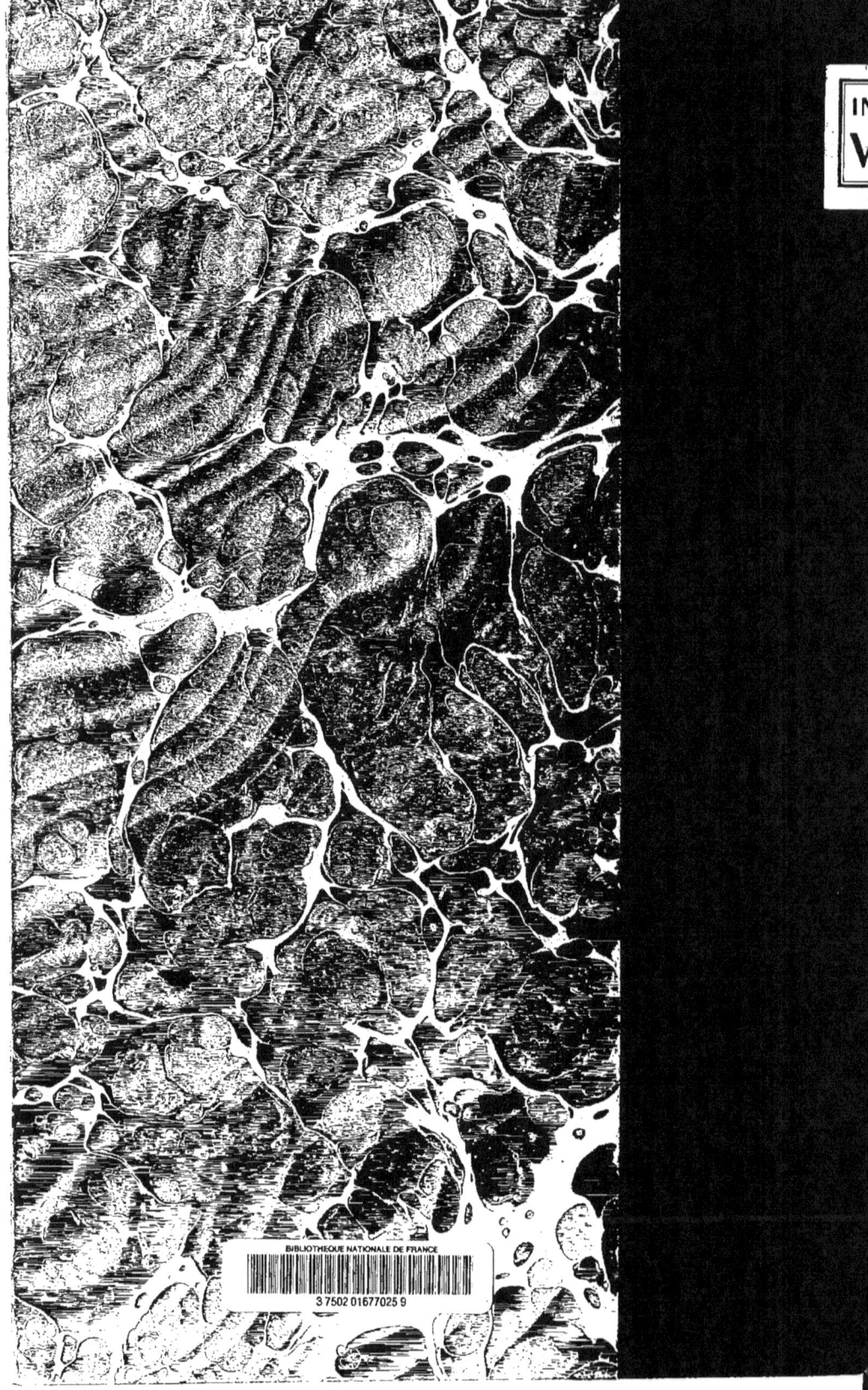

www.ingramcontent.com/pod-product-compliance
Lightning Source LLC
Chambersburg PA
CBHW050019230526
45470CB00003B/1035